Analizando la Enseñanza del Trabajo en Josué y Jueces: ¡La Motivación para el Trabajo Arduo!

La Enseñanza del Trabajo en la Biblia

Sermones Bíblicos

Published by Seminit Publications, 2023.

While every precaution has been taken in the preparation of this book, the publisher assumes no responsibility for errors or omissions, or for damages resulting from the use of the information contained herein.

ANALIZANDO LA ENSEÑANZA DEL TRABAJO EN JOSUÉ Y JUECES: ¡LA MOTIVACIÓN PARA EL TRABAJO ARDUO!

First edition. February 23, 2023.

Written by Sermones Bíblicos.

Tabla de Contenido

Cierto predicador cuyos sermones producían muchas conversiones recibió una revelación de Dios haciéndole saber que no eran sus sermones ni todo su trabajo lo que traía resultados, sino las **oraciones** de un hermano analfabeto que se sentaba en los escalones del púlpito suplicando por el éxito de los sermones. Lo mismo puede llegar a ocurrir con nosotros el día que se manifiesten todas las cosas. No es extraño que, después de trabajar fuerte y agobiantemente, todo el honor pertenezca a otro constructor cuyas oraciones eran de oro, plata y piedras preciosas, mientras nuestros sermones sin oración no eran más que paja y rastrojo.

— Charles Spurgeon

Introducción a Josué y Jueces

Los libros de Josué y Jueces cuentan la historia del antiguo Israel tomando posesión de la tierra que Dios prometió a Abraham, Isaac y Jacob (**Génesis 15:18-21; 28:13**) y de la formación de confederaciones tribales allí... El tema general del libro es que cuando el pueblo de Dios obedece Sus mandamientos y Su guía, el trabajo va bien y experimentan paz y gozo. Sin embargo, cuando hacen lo que les place y creen que son la autoridad suprema, la pobreza, el conflicto y todo tipo de maldad les traerá tristeza y dolor.

La función de los líderes asignados por Dios, los profetas, ejércitos y el pueblo entero de Israel era conquistar, asentarse y gobernar un territorio. A pesar de que existe una gran cantidad de evidencia que demuestra que estos libros contribuyen al entendimiento del trabajo desde una perspectiva bíblica, es necesario realizar un esfuerzo adicional para descubrir cómo el trabajo que se ve en Josué y en los Jueces se relaciona con las situaciones de nuestro trabajo actual *(recuerde que no estamos considerando la nación-estado moderna de Israel, ni sus vecinos, que es un tema que no está en el foco de nuestra investigación).*

Sin embargo, si miramos de cerca, podemos ver que ciertos eventos en el texto emergen con ideas aplicables a los temas en cuestión, incluido el desarrollo de liderazgo y gestión, el compromiso relevante del trabajo arduo, la guía de Dios para que alcancemos nuestras metas, conflicto y recursos Relacionados, la tensión entre avanzar para alcanzar el éxito y servir a los demás, la dirección de Dios para nuestro trabajo, y el riesgo constante de convertir nuestro trabajo en un ídolo. Los eventos en Josué y Jueces nos brindan ejemplos de cómo resolver conflictos en el lugar de trabajo, motivar a los empleados, enfrentar los desafíos de elegir un cargo y planificar nuevos líderes para reemplazar a los existentes, tanto buenos como malos ejemplos. Dejan sus puestos. Los personajes que conocemos en el libro demuestran la extraordinaria valentía del liderazgo femenino, el impacto económico de la guerra y la complicidad de las autoridades en el maltrato de los más vulnerables en el trabajo.

El hilo narrativo principal de los libros de Josué y Jueces es que aunque el pueblo escogido de Dios se rebeló repetidamente, decidió servir a otros dioses y olvidó el pacto con Dios, el Señor siempre estuvo listo para responder a su crisis y cumplir la promesa. Sólo cuando ya no quieren ni siquiera la bendición de Dios, descienden a la miseria y la destrucción social. También es un mensaje particularmente moderno. A menudo nos alejamos de Dios cuando decidimos cómo manejar las oportunidades y los desafíos que surgen en el trabajo. Descubrimos que habíamos antepuesto otros asuntos a recibir su amor y amarlo y servirlo a través de nuestro trabajo. El mensaje de Josué y Jueces es que, aquí y ahora, Dios está listo para que regresemos a Él y recibamos Sus bendiciones en nuestra vida y obra.

Organizaremos nuestro estudio de estos libros en torno a cuatro temas principales que corresponden más o menos al curso de la narración: Conquista, Coordinación, Pacto y Caos.

El Triunfo de la Toma de Posesión (Josué 1-12)

En el libro de Josué, Dios primero reafirma la Tierra Prometida y la presencia de Dios a Josué.

Mi siervo Moisés ha muerto; levántate ahora, tú y todo este pueblo, y cruza el Jordán a la tierra que di a los hijos de Israel. Os he dado todos los lugares donde ha pisado la planta de vuestro pie, como Le dije a Moisés: Desde el desierto y este Líbano hasta el gran río Éufrates, desde todas las tierras de los heteos hasta el mar hasta la puesta del sol será tu territorio. En todos los días de tu vida nadie podrá hacer frente a Ti. Como estuve con Moisés, así estaré contigo, no te dejaré ni te desampararé. (**Josué 1:2-5**)

Se destacan Josué, la tierra y la presencia de Dios, como veremos en las siguientes secciones.

Quien es Josué (Josué 1)

———

Josué fue el sucesor de Moisés y reemplazó al líder de Israel. Si bien no fue un rey, presagió de alguna manera a los reyes que gobernaron Israel en los siglos posteriores. Condujo a la nación a la batalla, actuó como juez cuando fue necesario y trabajó para que el pueblo obedezca los mandamientos del pacto de Dios con Israel en el Monte Sinaí.

En términos modernos, podríamos decir que la transición de Moisés a Josué ejemplifica una buena planificación de la sucesión. Bajo la guía de Dios, Moisés nombró a Josué como un líder que coincidía con el carácter de fidelidad a Dios del propio Moisés. Se le describe como un hombre valiente y sabio, fuerte y valiente (**Josué 1:6-7**), conocedor y obediente a la ley de Dios (**Josué 1:8-9**), y sobre todo, un hombre espiritual. En última instancia, la base del liderazgo de Josué no fue su propia fuerza, ni siquiera las enseñanzas de Moisés, sino la guía y el poder de Dios. Dios te promete: *"Dondequiera que vayas, el Señor tu Dios estará contigo"* (**Josué 1:9**). *(Para obtener más información sobre los preparativos de Josué para suceder a Moisés, consulte "Planificación de la sucesión" en* **Números 27:12-23***).*

Quizás la característica más importante de Josué, quien puede servir como modelo para los líderes de hoy, es su deseo de continuar creciendo en virtud a lo largo de su vida. A diferencia de Sansón, que parecía caer en la obstinación infantil, Josué pasó de ser un joven temerario (**Números 14:6-10**) a un comandante militar (**Josué 6:1-21**), el administrador supremo de la nación (**Josué 20**), y finalmente se convirtió en un profeta visionario (**Josué 24**). Estaba más que dispuesto a someterse a un entrenamiento a largo plazo con Moisés y aprender de aquellos con más experiencia que él (**Números 27:18-23; Deuteronomio 3:28**). No tuvo miedo de tomar las decisiones cuando actuó, pero continuó compartiendo el liderazgo en un equipo que incluía a Eleazar el sacerdote y los ancianos de las doce tribus (*por ejemplo,* **Josué 19:51**). Nunca parecía rechazar ninguna oportunidad de mejorar su carácter o beneficiarse de la sabiduría de los demás.

En Cuanto a la Tierra (Josué 2-12)

A lo largo de los libros de Josué y Jueces, esta tierra es tan importante que es casi una característica en sí misma: *"la tierra descansó"* (**Jueces 3:11, 30**, *etc.*). El contenido principal del libro de Josué es que los israelitas conquistaron la tierra que Dios les había prometido a sus antepasados (**Josué 2:24**, *comenzando con 1:6*). Esta tierra fue el escenario central de los eventos entre Dios e Israel y fue parte de las promesas de Dios a la nación de Israel. La misma ley mosaica está estrechamente relacionada con la tierra. Si Israel no estuviera en la tierra, muchas de las disposiciones principales de la ley no tendrían sentido, y el castigo principal bajo el pacto sería la expulsión de la tierra.

Destruiré la tierra y aterrorizaré a los enemigos que viven en ella. Pero a vosotros os esparciré entre las naciones, y os cazaré a espada, y vuestra tierra será asolada, y vuestras ciudades serán asoladas. (**Levítico 26:32-33**).

La tierra, el suelo bajo nuestros pies, es donde existimos. Las promesas de Dios a su pueblo no son abstracciones inmateriales, sino lugares concretos donde se cumple su voluntad y en su presencia. Aquí es donde encontramos a Dios y donde podemos continuar su obra. La creación puede ser un lugar donde el bien y el mal coexisten. Debemos hacer el bien en la creación y en la cultura en la que vivimos. Josué recibió la tarea de santificar la tierra de Canaán cumpliendo su pacto con Dios allí, y también tenemos la tarea de santificar nuestros lugares de trabajo trabajando de acuerdo con el pacto de Dios.

Laborar la Tierra (Josué 5)

———

Claramente, la tierra era fértil según los estándares del antiguo Cercano Oriente, pero las bendiciones de la tierra iban más allá de un clima agradable, abundante agua y otros beneficios naturales de la mano de su Creador. Israel también heredaría la infraestructura desarrollada por los cananeos. *"Y os doy la tierra baldía y las ciudades sin edificar en que habitéis; viñas y olivares que no plantasteis, pero que coméis"* (**Josué 24:13, Deuteronomio 6:10-11**). Incluso la famosa descripción de la tierra "que mana leche y miel" (**Josué 5:6, cf. Éxodo 3:8**) asume ciertas prácticas de manejo de ganado y apicultura.

Por tanto, la tierra y el trabajo tienen un vínculo indisoluble. La productividad proviene no solo de nuestra capacidad o trabajo duro, sino también de los recursos que tenemos. Por otro lado, la tierra en sí no se trabaja. Tenemos que sudar para obtener nuestro pan (**Génesis 3:19**). Esto se afirma claramente en **Josué 5:11-12**. *"Y el día después de la Pascua, ese mismo día, comieron del producto de la tierra, panes sin levadura y cereal tostado. Y el maná cesó el día después que habían comido del producto de la tierra, y los hijos de Israel no tuvieron más maná, sino que comieron del producto de la tierra de Canaán durante aquel año".*

Los israelitas sobrevivieron a la deriva del desierto gracias al regalo de Dios del maná, pero Dios no diseñó esta solución para que fuera un suministro permanente. La tierra debe ser cultivada. Los recursos suficientes y el trabajo productivo son elementos esenciales de la Tierra Prometida. Este punto puede parecer obvio, pero es razonable mencionarlo. Si bien Dios a veces puede proveer milagrosamente para nuestras necesidades materiales, la regla es que nos mantengamos con los frutos de nuestro trabajo.

La Conquista de la Tierra (Josué 6-12)

El hecho de que la economía productiva de Israel se basara en el despojo de la tierra de los cananeos plantea algunas preguntas incómodas. *¿Dios aprueba (o aprueba) la conquista como una forma para que una nación adquiera su tierra? ¿Perdona Dios las guerras raciales? ¿Los antiguos israelitas merecían más esta tierra que los cananeos?* Un análisis teológico completo de la conquista está más allá del alcance de este artículo. Si bien no deseamos responder muchas de las preguntas que surgen, tenga en cuenta lo siguiente:

1. Dios decidió revelarse a Su pueblo durante un tiempo de agitación en el antiguo Cercano Oriente, donde los ejércitos formados contra Israel eran enormes y feroces.

2. La obra de conquista militar es ciertamente la más destacada en el libro de Josué, pero no se presenta como modelo para ninguna obra posterior. En Josué y Jueces encontramos aspectos de trabajo o liderazgo que se aplican hoy, pero despojar a la gente de su tierra no es uno de ellos.

3. El mandato de desposeer a los cananeos (**Josué 1:1-5**) estaba dirigido al antiguo Israel y no indica un arreglo general de los mandamientos de Dios para Israel o cualquier otro grupo de población.

4. El motivo de la perdición de los cananeos fue su vicio reconocido. Los cananeos eran conocidos por el sacrificio de niños, la adivinación, la hechicería y la hechicería, prácticas que Dios no tolera, y que escoge para bendecir al mundo (**Deuteronomio 18:10-12**). La idolatría debe ser erradicada de la faz de la tierra para que el mundo tenga la oportunidad de ver la verdadera naturaleza del único Dios verdadero, el

Creador del cielo y la tierra.

5. Los cananeos arrepentidos como Rahab (**Josué 2:1-21; 6:22-26**) fueron perdonados; de hecho, la suposición de la destrucción masiva de los cananeos nunca se realizó por completo (ver más abajo).

6. A su vez, los israelitas cometieron muchas de las malas acciones de los cananeos. Esto responde a la pregunta de si Israel merece más la tierra. Al igual que los cananeos, los israelitas también fueron desplazados por la conquista de otros, que la Biblia también atribuye a la mano de Dios. Israel también fue juzgado por *Dios (ver por ejemplo* **Amós 3:1-2***)*.

7. Toda la ética cristiana relacionada con el poder no se encuentra en el Libro de Josué, está encarnada en la vida, muerte y resurrección de Jesús, quien encarna toda la Palabra de Dios. El patrón supremo del poder bíblico no es Dios conquistando naciones para su pueblo, sino el Hijo de Dios dando su vida por todos los que vinieron a él (**Marcos 10:42; Juan 10:11-18**). En última instancia, la ética bíblica del poder se basa en la humildad y el sacrificio.

Recordando la Presencia de Dios en la Tierra (Josué 4:1-9)

———

La mayor bendición para el mundo es que Dios está con ellos. La bendición se celebra pasando por el Arca del Señor, la morada de Su presencia, y dejando una piedra conmemorativa en el río Jordán. La prosperidad y seguridad de Israel en esta tierra debe venir de la mano de Dios. La obra de Israel siempre se debió a la obra anterior de Dios para ellos; cada vez que dejaban la presencia de Dios, su trabajo se interrumpía. Note la advertencia solemne en **Jueces 2:10**: *"Y aquella generación volvió a sus padres; y después de ellos se levantó una generación que no conoció a Jehová, ni lo que él había hecho por Israel"*. Los problemas posteriores de Israel surgieron de su falta de reconocimiento lo que Dios había hecho por ellos.

También podemos preguntarnos si reconocemos lo que Dios ha hecho por nosotros. La pregunta aquí no es si estamos trabajando bien para Dios, sino si podemos verlo trabajando para nosotros. En el trabajo, la mayoría de las personas encuentran que existe una tensión entre la superación personal y el servicio a los demás o, como dice *Laura Nash* en su excelente estudio sobre el tema, entre el *"sistema egocéntrico"* y *"el bienestar de los demás"*. ¿Podría ser que nos esforzamos demasiado por tener éxito en ese sistema egoísta porque tememos que nadie se preocupe por nosotros?

¿Qué pasaría si nos acostumbráramos a registrar lo que Dios ha hecho por nosotros? Muchos de nosotros recordamos nuestros logros laborales: premios, placas, fotografías, premios, certificados y más. ¿Qué pasaría si pensáramos, "Dios está conmigo todos los días", en lugar de pensar, *"Tengo todo lo que necesito para tener éxito"*, cada vez que los veamos? ¿Nos hace preocuparnos más por las necesidades de los demás mientras nos asegura que Dios se preocupa por nosotros? Una manera fácil de comenzar es anotar mentalmente e incluso escribir todas las cosas buenas e inesperadas que sucedieron durante el día, ya sea que te sucedieran a ti o a través de ti a otras personas. Cada uno de estos sitios puede ser una piedra conmemorativa para Dios, como las piedras que los israelitas dejaron en el agua del río Jordán para recordar cómo Dios los llevó a la Tierra Prometida. Según las Escrituras, este es un poderoso recordatorio para ellos de que *han permanecido allí hasta el día de hoy* (**Josué 4:1-9**).

Deja que el Señor Involucre Nuestras Decisiones (Josué 9:12-15)

El capítulo 9 de Josué describe cómo los gabaonitas engañaron a los israelitas. Su intención era convencer a los israelitas de que vivían lejos de la tierra de Canaán y, por lo tanto, no representaban una amenaza, cuando en realidad vivían muy cerca. Para engañarlos, decidieron ponerse ropas viejas y sandalias gastadas, y traer alimentos para demostrar que habían recorrido un largo camino.

El pan aún estaba caliente cuando lo sacamos de la casa para comer el día que salimos a verte; pero he aquí, ahora está seco y quebradizo. Estos odres que hemos empacado son nuevos, y he aquí que están gastados; nuestra ropa y nuestras sandalias están desgastadas por el largo viaje. Los israelitas tomaron su propia comida sin consultar al SEÑOR. Josué hizo la paz con ellos e hizo un pacto con ellos para preservar sus vidas. Los líderes de la congregación también le hicieron un juramento. (**Josué 9:12-15**).

Los israelitas fueron engañados porque optaron por confiar en sus sentimientos en lugar de "buscar el consejo de Jehová". Esto también nos puede pasar a nosotros hoy. Sacamos conclusiones y tomamos decisiones rápidas basadas en nuestras creencias, pero nos olvidamos de buscar la guía de Dios. Cuando creemos que entendemos una situación, es fácil confiar en nuestras propias ideas en lugar de pedirle a Dios que nos muestre su perspectiva.

Coordinación Limítrofe (Josué 13-22)

La longitud textual de Josué 13-22 que describe la distribución de la tierra refleja el papel fundamental de la tierra en la formación de la identidad de Israel, aunque puede ser aburrido de leer si no miramos el panorama general. Estos capítulos detallan el proceso de establecimiento de límites, asignación de ciudades y resolución de conflictos: el trabajo de organizar y nutrir sociedades para la prosperidad social y la gloria de Dios. Josué tomó medidas duras para asegurar una distribución justa (**Josué 14:1-2**). Estos pasajes nos recuerdan que el trabajo productivo depende en gran medida de la cooperación y el juego limpio, es decir, la organización y la equidad. Los israelíes deben saber qué pertenece a quién para poder organizar sus comunidades de manera pacífica y productiva. Abordar las realidades de la geografía y la organización social requiere trabajo *(en este caso, mucho trabajo).*

Estas realidades se pueden entender de manera particular en Josué 22, cuando las tribus al otro lado del río Jordán son acusadas de separatismo luego de erigir un altar en su territorio. Al final resultó que, erigir un altar fue un movimiento inteligente para estas tribus, ya que les ayudó a mantener su estatus dentro de Israel.

Si es rebelión, o deslealtad al Señor, que Él no nos salve hoy. Si construimos un altar para nosotros y nos apartamos de seguir al Señor, u ofrecemos holocaustos u ofrendas de cereal, o sacrificios de ofrendas de paz sobre él, que el Señor mismo lo reclame de nosotros. De hecho, lo hacemos por temor, diciendo: Mañana sus hijos pueden decir a nuestros hijos: ¿Qué tienen ustedes que ver con el SEÑOR, el Dios de Israel? Porque el SEÑOR ha hecho el río Jordán entre nosotros y ustedes. La línea divisoria entre los hijos de Ben y los hijos de Gad; ustedes no tienen parte con el Señor. Para que sus hijos puedan hacer que nuestros hijos dejen de temer a Dios Por eso decimos: Ahora hemos edificado altar, no para ofrecer holocaustos, ni ofrendas de comunión, sino para testimonio entre nosotros y vosotros, y para nuestra posteridad, de que le serviremos delante de Jehová con nuestros holocaustos. con nuestras ofrendas de comunión, para que vuestros hijos no digan mañana a nuestros hijos: *'No tenéis parte en el Señor'* (**Josué 22:22-27**).

Como puede verse en los detalles, la distribución justa de la tierra, el establecimiento de agencias gubernamentales, la resolución de conflictos y el mantenimiento de misiones son un proceso complejo. Joshua estaba a cargo, pero todos hicieron su parte, e incluso se necesitó una confrontación y un posicionamiento astutos para lograr la armonía en una nación defectuosa. Esto puede darnos una idea de la ciencia y la práctica actual de la gestión. Por ejemplo, construir una cadena de suministro internacional requiere alinear intereses, comunicar estándares, compartir ideas, abordar intereses que compiten y cooperan, aumentar la rentabilidad sin perder dinero, atraer y motivar a empleados calificados y superar obstáculos. Los líderes israelíes tenían que hacerlo. Esta es también la realidad de las universidades, las agencias gubernamentales, los bancos, las cooperativas agrícolas, las empresas de telecomunicaciones y casi todos los lugares de trabajo. La sociedad también depende de quienes estudian y enseñan métodos de gestión para influir en las políticas empresariales y gubernamentales.

Si Dios guió a Josué, a los otros líderes ya los israelitas, ¿puede guiar a los administradores de hoy? Tenemos recursos bíblicos, oración, adoración, estudio en grupos pequeños y otras habilidades cristianas. ¿Cómo diablos podemos incorporar estos recursos en la forma en que recibimos la guía de Dios en nuestra serministración, gestión y liderazgo?

Si bien la propiedad de la tierra y el gobierno del pueblo fueron cruciales para los israelitas, los capítulos finales de esta sección muestran que ni la conquista de la tierra ni la organización de la nación fueron completas.

Capítulo tras capítulo, escuchamos la frase pegadiza "no expulsados" que se refiere a las diversas tribus cananeas en su territorio (**Josué 15:63, 16:10, 17:12-13**). **Yahweh** ordenó a los israelitas que expulsaran a los cananeos para establecer un nuevo orden que no fuera distorsionado por las acciones atroces de los ocupantes anteriores. La existencia continua de los cananeos se convirtió en una de las principales razones de la deslealtad de Israel al pacto de Dios, aunque esto no ocurrió durante el período que cubre el libro de Josué.

Renovación del Pacto (Josué 23-24)

El libro de Josué termina con la renovación del pacto de Dios con Israel. El clímax llega en el capítulo final, cuando el poderoso desafío de Josué motiva a las personas a comprometerse a servir solo a Dios. Su presentación es un modelo de comunicación. Primero, relata las maravillosas obras de Dios para Israel en Egipto, el desierto y la Tierra Prometida. Entonces les preguntó, ¿por qué siguen teniendo ídolos y falsos dioses? Luego los desafió con lo que hoy podríamos llamar psicología inversa: *"Si a vosotros os parece que no es bueno servir al Señor, hoy podéis elegir a quién sirváis"* (**Josué 24:15**). Esto llama tu atención. *"No podemos dejar al Señor y servir a otros dioses"* (**Josué 24:16**). Pero Josué los desafió aún más, diciendo: *"No podéis servir a Jehová, porque él es un Dios santo"* (**Josué 24:19**). *"Si dejáis a Jehová y sirviereis a dioses ajenos, él se volverá para haceros daño, y después de haberos mostrado favor, os destruirá"* (**Josué 24:20**). Esto los lleva a un punto de inflexión donde deciden: *"No, serviremos al Señor"* (**Josué 24:21**). Josué sugirió que lo pusieran por escrito y que la gente firmara y atestiguara el juramento (**Josué 24:25-27**). Más recientemente, *John Wesley* introdujo un servicio de renovación de pactos que se usa ampliamente en la actualidad, y muchas iglesias han desarrollado sus propias formas de renovar los pactos con Dios.

Cuando las personas parecen vacilar en su compromiso, los líderes pueden verse tentados a restar importancia a la tarea en cuestión o engañar a las personas para que piensen que las cosas serán más fáciles de lo que realmente son. A veces, esta técnica puede conducir a una obediencia temporal, pero como argumenta *Ronald Heifetz* en Liderazgo sin respuestas fáciles, los seguidores engañados pueden quitarle poder rápidamente a un líder. Esto sucede no solo porque los seguidores eventualmente descubren el engaño, sino también porque no se les permite contribuir a resolver las dificultades del grupo. A menos que el líder conozca las soluciones a todos los desafíos (lo cual es extremadamente improbable), las soluciones deben provenir de la creatividad y el compromiso de los miembros del equipo. Pero si los líderes confunden a las personas sobre la naturaleza del problema, no pueden contribuir a encontrar una solución. Esto sólo garantiza el fracaso del líder. Por el contrario, los líderes que son abiertos con sus seguidores sobre la dificultad del desafío tienen la oportunidad de involucrarlos en el desarrollo de soluciones. A través de su relación con Dios, Josué establece un excelente ejemplo para los líderes que buscan formular un compromiso con cursos de acción difíciles a través de la honestidad y la transparencia en lugar de reservas y falsas esperanzas.

El Caos Luego de la Muerte de Josué (Jueces 1-21)

Después de la muerte de Josué, Israel no tenía un liderazgo nacional permanente. En cambio, cuando surge el peligro, por ejemplo, un ataque militar, hombres y mujeres emergen como líderes en cada crisis. El término "jueces" no refleja completamente el papel desempeñado por estas personas (la palabra hebrea *shopet*, a menudo traducida como "juez", se refiere a un mediador en un conflicto, un comandante militar y un gobernador de un territorio). Los jueces resuelven las disputas, pero también asumen la responsabilidad de los asuntos militares y políticos al enfrentarse a los pueblos hostiles de los alrededores. Si bien conservaremos los nombres tradicionales de los jueces, el adjetivo *"libertadores"* describe con mayor precisión a estos líderes.

Encontramos una visión más oscura del liderazgo de Israel en Jueces que en Josué. Gradualmente, la calidad de la sucesión de jueces declinó, lo que eventualmente llevó a Israel al caos. El libro termina con una historia de violación, asesinato y guerra civil, con un final impactante y melancólico: *"En aquellos días Israel no tenía rey; cada uno hacía lo que quería"* (**Jueces 21:25**). Cuando las escrituras dicen que hicieron lo que cada uno pensó que era correcto, no significa que las personas encomiables actuaron por su propia voluntad, sino que actuaron imprudentemente para su propio beneficio, en otras palabras. Esto significa desobedecer el mandato de Dios a través de Josué, *"Este libro de la ley no se apartará de tu boca, sino que meditarás en él de día y de noche, para que cuides de poner por obra todo lo que en él está escrito"* (**Josué 1:8**). La tarea es hacer lo que es correcto a los ojos de Dios, no lo que parece correcto según nuestros propios prejuicios y percepciones egoístas. Los jueces fallaron en llevar a Israel a obedecer la ley de Dios y, por lo tanto, fallaron en administrar justicia y gobernar sobre el pueblo.

Desalojo Fallido (Jueces 1-2)

—

Jueces 1 y 2 continúan la historia de Josué 13-22 con el fracaso de Israel en expulsar a los cananeos de la tierra. *"Cuando los israelitas se fortalecieron, hicieron sufrir a los cananeos, pero no los expulsaron por completo"* (**Josué 17:13**). Es algo irónico que los israelitas liberados se convirtieran en dueños de esclavos en cada oportunidad. La principal razón por la que Israel tuvo que expulsar a los cananeos fue para evitar que la idolatría infectara a su pueblo. Como las serpientes en el jardín, la idolatría cananea probaría la lealtad de Israel a Dios y su pacto. Pero Israel no es mejor que Adán o Eva. Al no poder eliminar la tentación representada por los paganos, pronto *"sirvieron"* a los dioses cananeos Baal y Astartes (**Jueces 2:11-13; 10:6**, etc.) (Algunas versiones, como la NVI, traducen el término hebreo como *"adoración"*, pero otras lo traducen con mayor precisión como *"servir"*). No se trata solo de inclinarse ocasionalmente ante ídolos o rezar a dioses extranjeros. Esto significaba que los israelitas vivían y trabajaban en vano al servicio de los ídolos, convencidos de que el éxito de su trabajo dependía de complacer a los dioses cananeos locales.

Gran parte de nuestro trabajo hoy está dedicado a servir a alguien o algo que no sea el Dios de Israel. Las empresas sirven a clientes y socios. Los gobiernos trabajan para los ciudadanos. Las escuelas trabajan para los estudiantes. A diferencia de adorar a los dioses cananeos, servir a estos súbditos no es inherentemente malo; de hecho, servir a los demás es una de las formas en que servimos a Dios. Pero si servir a los clientes, socios, ciudadanos, estudiantes y otros se vuelve más importante que servir a Dios, o si simplemente se convierte en un medio de engrandecimiento personal, entonces estamos siguiendo la adoración a Dios de los antiguos israelitas. Falso. *Tim Keller* señala que los ídolos no son reliquias obsoletas de religiones antiguas, sino una forma de espiritualidad falsa pero compleja que encontramos todos los días.

¿Qué es un ídolo? Es algo más importante para ti que Dios, algo que ocupa más tu corazón e imaginación que Dios, algo que buscas y que solo Dios puede darte. Un dios falso es algo tan importante e importante para tu vida que si lo pierdes, la vida ya no tendrá tanto significado. Un ídolo es tan dominante en tu corazón que puedes ponerle mucho entusiasmo, energía, emoción y dinero sin pensarlo. Los ídolos pueden ser la familia y los hijos, las carreras y ganar dinero, los logros y el reconocimiento, o mantener la reputación y el estatus social. Podría ser una relación amorosa, aprobación de los compañeros, capacidad y habilidad, comodidad y seguridad, su belleza o inteligencia, grandes causas sociales o políticas, su moral y virtudes, o incluso en el éxito del ministerio cristiano.

Por ejemplo, los funcionarios electos tienen un deseo legítimo de servir al público. Para hacerlo, deben seguir teniendo un público al que servir, lo que significa permanecer en sus puestos y continuar ganando elecciones. Si servir al público se convierte en su objetivo final, todo lo que sea necesario para ganar una elección se vuelve justificable, incluido el compromiso de complacer a los demás, el engaño, la intimidación, las acusaciones falsas y hasta el fraude electoral. Un deseo ilimitado de servir al público, la creencia inquebrantable de que él era el único que podía hacerlo de manera efectiva, pareció ser lo que llevó al presidente de los Estados Unidos, *Richard Nixon*, a las elecciones de 1972. Haz lo que sea necesario, incluso si requiere espiar al DNC en el *Hotel Watergate*. Esto, a su vez, resultó en su despido, pérdida de posición y humillación. Servir a los ídolos siempre termina en desastre.

Cualquiera en cualquier trabajo, incluso en la familia, como cónyuge, padre o hijo, enfrenta la tentación de priorizar las cosas buenas sobre el servicio a Dios. La idolatría se cuela en nuestras vidas cuando trabajar por cosas buenas se convierte en el objetivo principal en lugar de una expresión de servicio a Dios. Para obtener más información sobre los peligros del trabajo de adoración, consulte la sección sobre el primer y segundo mandamiento en Éxodo y Trabajo (*"No tendrás dioses ajenos delante de mí"*, **Éxodo 20: 3**; *"No te harás a ti mismo"* **Éxodo 20 :4**), y "Deuteronomio y Trabajo" (*"No tendrás dioses ajenos delante de mí"* **Deuteronomio 5:8**)

Los Jueces (Jueces 3-16)
Débora (Jueces 4-5)

Débora fue la mejor de todos los jueces. La gente reconoce su sabiduría y recurre a ella en busca de consejo y ayuda en la resolución de conflictos (**Jueces 4:5**). La jerarquía militar la reconoce como comandante supremo y de hecho combate bajo su mando (**Jueces 4:8**). Su gobierno fue tan bueno que *"la tierra estuvo en paz durante cuarenta años"* (**Jueces 5:31**), lo cual es raro en toda la historia de Israel.

Algunos podrían sorprenderse hoy al ver que una mujer que no era ni viuda ni hija de un gobernante podría haber sido la jefa de estado de una nación premoderna. Sin embargo, Jueces la coloca a la par con el líder más grande de Israel (basado en sus propios méritos). Ella era la única mujer entre los jueces y fue llamada profetisa (**Jueces 4:4**), mostrando cuán similar era a Moisés y Josué, a quienes Dios también les habló directamente. Ninguna de las mujeres, incluida la agente encubierta Jael, ni ninguno de los hombres, incluido el *General Barack*, expresaron preocupación alguna por tener una líder femenina. El servicio de Débora como profetisa y jueza de Israel muestra que Dios no ve el liderazgo político, judicial o militar de las mujeres como un problema. También es evidente que su esposo, Lapidot, y su familia inmediata no tienen problemas para compartir las tareas del hogar, por lo que ella tiene tiempo para sentarse debajo de la palmera de Débora cuando *"los hijos de Israel se acercan a ella"* *"hace su trabajo para juzgar".* (**Jueces 4:5**).

En algunas sociedades de hoy, en muchos sectores laborales y en algunas organizaciones, el liderazgo femenino se ha vuelto tan indiscutible como el liderazgo de Débora. Sin embargo, en muchas otras culturas, industrias y organizaciones contemporáneas, las mujeres no son aceptadas como líderes ni experimentan limitaciones impuestas a los hombres. ¿Es posible que examinar el liderazgo de Débora entre el antiguo Israel nos ayude a los cristianos a aclarar nuestro pensamiento sobre el propósito de Dios en estas situaciones? ¿Podemos servir a nuestras organizaciones y a nuestra sociedad ayudando a eliminar las barreras indebidas que enfrentan las mujeres en el liderazgo? ¿Es nuestro interés personal encontrar más mujeres como jefas, mentoras y modelos a seguir en nuestro trabajo?

Impacto Económico de la Guerra (Jueces 6:1-11)

Después de Débora, la calidad de los jueces comenzó a decaer. **Jueces 6:1-11** ilustra una característica común de la vida israelí en ese momento: las dificultades económicas causadas por la guerra.

Los israelitas hicieron lo malo ante los ojos del SEÑOR, y el SEÑOR los entregó en manos de los madianitas por siete años. El poder de los madianitas era mayor que el de los israelitas. Los israelitas se escondieron en montañas, cuevas y fortalezas a causa de los madianitas. Porque cuando los israelitas estaban sembrando, los madianitas subieron contra ellos con los amalecitas y los orientales. Acamparon delante de ellos, y destruyeron la tierra hasta Gaza, y no dejaron comida entre los israelitas, ni bueyes, ni ovejas, ni asnos. Porque subieron con sus ganados y sus tiendas, y entraron como langostas, y ellos y sus camellos eran innumerables; Vinieron a la tierra para destruirla. Los israelitas estaban extremadamente pobres a causa de los madianitas, y los israelitas clamaron al SEÑOR.

El impacto de la guerra en el trabajo se puede sentir hoy de varias maneras. Además de los daños causados por atacar directamente objetivos económicos, la inestabilidad provocada por los conflictos armados puede trastornar la forma de vida de las personas. Los agricultores de las zonas devastadas por la guerra pueden verse desplazados hasta la cosecha y, por lo tanto, son reacios a plantar cultivos. Los inversionistas ven al país devastado por la guerra como demasiado riesgoso para gastar recursos en mejorar la infraestructura. Con pocas esperanzas de desarrollo económico, las personas pueden verse arrastradas a facciones armadas que compiten por los recursos restantes.

Y así continúa el ciclo deprimente de guerra y destrucción. Sin embargo, la paz precede a la prosperidad.

Bajo el yugo de los madianitas, la situación económica de Israel era tan precaria que encontramos a Gedeón, el futuro juez, *"sacudiendo el trigo en el lagar y escondiéndolo de los madianitas"* (**Jueces 6:11**). *Daniel Blocks* explica la lógica de este comportamiento.

La trilla de granos sin técnicas modernas implica primero golpear las espigas del tallo cortado con un mayal, luego desechar el tallo y arrojar la mezcla de paja y grano al aire para que se la lleve el viento. Los granos más pesados caen al suelo. En las difíciles circunstancias del antiguo Israel, obviamente no era prudente hacerlo, ya que trillar en las colinas atraería la atención de los madianitas que merodeaban. Entonces Gedeón decidió machacar el grano en un recipiente para prensar uvas. Las prensas de vino generalmente requieren que se corten dos agujeros en la piedra, uno encima del otro. Las uvas se colocan en el superior y se trituran, mientras que una tubería drena el jugo de uva al inferior.

Hoy, cristianos y no cristianos casi están de acuerdo en que es inmoral realizar negocios de una manera que prolongue el conflicto armado. Un ejemplo actual es la prohibición internacional de los *"diamantes de sangre"*. El punto es, ¿estamos los cristianos liderando tal proyecto? ¿Estamos buscando si la empresa, el gobierno, la universidad u otra institución en la que trabajamos está incurriendo en violencia sin saberlo? ¿Corremos el riesgo de plantear cuestiones como esta cuando nuestros superiores prefieren ignorar la situación? ¿O, como Gideon, nos escondemos bajo la excusa de que solo estamos haciendo nuestro trabajo?

El Liderazgo Indeterminado de Gedeón
(Jueces 6:12-8:35)

Gideon es un ejemplo perfecto de la naturaleza paradójica de los jueces israelíes y las lecciones ambiguas que ofrecen para el liderazgo en el trabajo y más allá. El nombre Gedeón significa literalmente *"leñador"* y parecía ir en la dirección correcta cuando derribó el ídolo de su padre en **Jueces 6:25-7** (de hecho, lo hizo de noche por miedo es un detalle inquietante). Sin embargo, aunque Dios prometió estar con él, Gedeón siguió buscando milagros, especialmente el incidente de la lana en **Jueces 6:36-40**. En este caso, Dios lo patrocina y lo afirma, pero este no es un modelo a emular, ya que muchos cristianos modernos tienen esta actitud cuando se trata de orientación, especialmente orientación profesional. Más bien, es una señal del compromiso vacilante que lo lleva hacia la idolatría al final de la historia. Para una discusión más profunda sobre el discernimiento de Gedeón.

El punto de inflexión en la historia es la asombrosa victoria de Gedeón sobre los madianitas (**Jueces 7**), pero su posterior fracaso en el liderazgo es menos conocido (**Jueces 8**). Los residentes de Sukkot y Peniel se negaron a ayudar a su gente después de los combates y la brutal destrucción de estas ciudades parecía desproporcionada con el crimen. Gideon una vez más hace honor a su nombre, pero ahora se trata de destruir a cualquiera que encuentre. Aunque dijo que no quería ser rey, se convirtió en un verdadero tirano (**Jueces 8:22-26**). Pero lo más preocupante es que ha descendido a la idolatría. El efod que ella hizo se convirtió en la *"corrupción"* de su familia, y *"todo Israel cometió adulterio allí"* (**Jueces 8:27**). ¡Qué grandes héroes caen!

La lección para nosotros hoy puede ser que debemos estar agradecidos por los dones de los demás, no adorarlos. Al igual que Gedeón, un general puede llevarnos a la victoria en la guerra pero demostrar que es un tirano en tiempos de paz. La genialidad puede dar lugar a conocimientos musicales o cinematográficos extraordinarios, pero también puede desorientarnos en temas como la paternidad o la política. Los líderes empresariales pueden salvar un negocio en crisis y destruirlo en calma. Incluso podemos encontrar esa misma discontinuidad dentro de nosotros mismos. Tal vez sobresalgamos en diferentes categorías en el trabajo pero tengamos conflictos en casa, o viceversa. Podemos demostrar nuestra competencia como individuos en el trabajo, pero cuando somos gerentes, fallamos. Quizás, muy probablemente, cuando estamos inseguros de nosotros mismos, confiamos en Dios, logramos muchas cosas buenas, pero cuando el éxito nos hace autosuficientes, hacemos estragos. Como jueces, todos somos seres humanos con contradicciones y debilidades. Nuestra única esperanza, o desesperación, es el perdón y la conversión que podamos tener en Cristo.

El Fiasco Encabezado por Jueces (Jueces 9-16)

—————

El fracaso de Gedeón fue reforzado por jueces posteriores. El hijo de Gedeón, Abimelec, unificó a los que lo rodeaban después de matar a sus setenta hermanos, que eran su estorbo (**Jueces 9**). Jefté comenzó como un forajido y luego rescató al pueblo de los amonitas, pero destruyó a su propia familia y su futuro con una terrible promesa que resultó en la muerte de su hija (**Jueces 11**). Sansón, el juez más famoso, causó estragos entre los filisteos, pero desafortunadamente sucumbió a la tentación de la mujer pagana Dalila, lo que lo llevó a su ruina (**Jueces 13-16**).

¿Cómo pensamos todo esto con respecto a nuestro trabajo hoy? Primero, la historia de los Jueces confirma el hecho de que Dios obra a través de seres humanos imperfectos. Esto es cierto porque varios jueces —*Gedeón, Barac, Sansón y Jefté*— son alabados junto con Rahab en el Nuevo Testamento (**Hebreos 11:31-34**). Jueces no duda en señalar que el Espíritu de Dios les dio poder para llevar a cabo una poderosa liberación en circunstancias difíciles (**Jueces 3:10; 6:34; 11:29; 13:25; 14:6-9; 15:14**). Además, no fueron meros instrumentos en las manos del Señor, ya que respondieron positivamente al llamado de Dios de liberar a Israel, ya través de ellos el Señor liberó a Su pueblo una y otra vez.

Aun así, el contenido general de Jueces no nos anima a considerar a estos hombres como modelos a seguir. La esencia del libro es que Israel es un desastre comprometido cuyos líderes se han decepcionado al romper el pacto de Dios. Una lección más pertinente es que el éxito, incluso el éxito otorgado por Dios, no conduce necesariamente al favor de Dios. Cuando nuestros esfuerzos en el trabajo son bendecidos, especialmente en circunstancias adversas, es fácil pensar: *"Bueno, aparentemente Dios interviene en esto, así que debe estar recompensándome por ser una buena persona".* Jueces muestra que Dios obra cuando quiere, como quiere y por medio de quien quiere. Él actúa según su plan, no según nuestros méritos o carencias. No podemos atribuirnos el mérito de ello, como si mereciéramos la bendición del éxito. Asimismo, no podemos juzgar a los que consideramos indignos del favor de Dios, como nos recuerda Pablo en **Romanos 2:1**.

Israel está en Declive (Jueces 17-21)

Revelando el Evangelio de la Prosperidad en su Forma Original (Jueces 17)

———

Si la parte central de Jueces nos muestra al héroe imperfecto atrapado en un ciclo depresivo de opresión y liberación, los capítulos finales muestran a un hombre caído sin esperanza aparente de redención. **Jueces 17** en realidad comienza con la imitación de la idolatría. Un hombre llamado Micaía tenía mucho dinero, que su madre usó para hacer un ídolo, y Micaía contrató a un levita independiente para que fuera su sacerdote personal. No es sorprendente que las enseñanzas vulgares de Micaía tengan una teología igualmente terrible. *"Y Micaía dijo: Ahora sé que el SEÑOR me bendecirá, porque tengo un levita por sacerdote"* (**Jueces 17:13**). En otras palabras, al tener la autoridad religiosa bendiciendo su idolatría, Micaía creía que podía conseguir que Dios le diera lo que quería. Aquí, el ingenio humano se desperdicia de la peor manera posible en dioses falsos que actúan como una tapadera para la codicia y la arrogancia.

El impulso de convertir a Dios en una máquina de prosperidad nunca dejó de existir. Una forma muy conocida hoy en día es el llamado Evangelio de la Prosperidad o Evangelio de la Prosperidad, que declara que aquellos que profesan creer en Cristo están obligados a ser recompensados con riqueza, salud y felicidad. En cuanto al trabajo, esto ha llevado a algunas personas a descuidar su trabajo y caer en el libertinaje esperando que Dios los colme de riquezas. También lleva a otros, aquellos que esperan que Dios prospere en el trabajo, a descuidar a sus familias y comunidades, a maltratar a sus compañeros de trabajo, a realizar negocios deshonestos y a confiar en el favor de Dios para salvarlos de la moralidad común.

La Exposición de la Caída del Hombre y la Complicidad de las Autoridades Religiosas (Jueces 18-21)

El episodio final de Jueces es el evento más impactante en el largo viaje de Israel hacia la depravación, la idolatría y la anarquía. Algunos de la tribu de Dan huyeron con todo el establecimiento religioso de Miqueas, incluidos los levitas y los ídolos (**Jueces 18:1-31**). El levita tomó una concubina de un pueblo distante (coincidentemente Belén), pero después de la confusión familiar, ella regresó a la casa de su padre. El levita viajó a Belén por ella, y después de cinco días de borracheras orgías con su suegro, tomó a su concubina y sus sirvientes y tontamente emprendió el viaje a casa antes del atardecer. Por la noche, se encuentran solos en la plaza del pueblo perteneciente a la tribu de Benjamín. Nadie los recibió hasta que por fin un anciano les ofreció un lugar para pasar la noche.

Esa noche, gente de la ciudad rodeó la casa y le pidieron al anciano que sacara al extranjero y lo violara (**Jueces 19:22**). El anciano trata de protegerlo, pero la idea de que proteja a los turistas es repugnante, en pocas palabras. Para salvar a los levitas, el anciano sacrificó a sus hijas ya las concubinas de los levitas a los hombres y las violó a ellas, no a los hombres. Los propios levitas expulsaron a las concubinas de sus hogares, quizás el registro más antiguo de la complicidad de una autoridad religiosa en el abuso sexual. Entonces *"la injuriaron toda la noche hasta la mañana"* (**Jueces 19:25**). Los levitas luego desmembraron su cuerpo y esparcieron los pedazos entre las tribus de Israel, quienes en represalia casi aniquilaron a la tribu de Benjamín (**Jueces 20-21**). Esto completa la conversión de los israelitas a los cananeos.

La oración al final del libro resume estos eventos sucintamente. *"En aquellos días no había rey en Israel; cada uno hacía lo que quería"* (**Jueces 21:25**). Si no fuera obvio, esto muestra que sin un liderazgo basado en las enseñanzas de Dios, las personas siguieron sus propias estrategias y deseos malvados; no significa que la guía moral interna de las personas las lleve a hacer lo correcto sin la supervisión necesaria.

Las amenazas contra los desarmados, incluido el abuso de mujeres y extranjeros, siguen siendo muy comunes en nuestro mundo laboral actual. Individualmente, debemos decidir si defender a quienes enfrentan la injusticia, poniéndonos en riesgo, o quedarnos sentados y no hacer nada hasta que el daño haya terminado.

Como organizaciones y sociedades, tenemos que decidir si queremos trabajar por sistemas y estructuras que frenen el flagelo del comportamiento humano, o quedarnos de brazos cruzados mientras la gente hace lo que cree que es correcto. Incluso nuestras actitudes negativas pueden conducir a un comportamiento abusivo en nuestros lugares de trabajo, especialmente cuando no estamos en posiciones de autoridad. Cuando otras personas piensan que tienes cierta cantidad de poder, ya sea por tu edad, porque llevas más tiempo allí, te vistes mejor, a menudo te ven hablando con tu jefe, perteneces a una raza o grupo lingüístico privilegiado, eres más educado o él es más expresivo: no defiende a los que están siendo abusados, está contribuyendo al sistema de abuso. Por ejemplo, si alguien te pide ayuda, significa que tienes mucho poder en sus ojos. Por lo tanto, si no se opone cuando alguien cuenta un chiste degradante o se acosa a un nuevo empleado, está aumentando la carga de la víctima y allanando el camino para el próximo abuso.

Leer los horrores de los capítulos finales de Jueces puede hacernos sentir agradecidos de no haber vivido en esos tiempos. Sin embargo, si somos plenamente conscientes, es posible ver que el simple hecho de ir a trabajar es tan significativo desde el punto de vista moral como el trabajo de cualquier líder o individuo en el antiguo Israel.

Conclusiones de Josué y Jueces

Nuestro viaje a través de los libros de Josué y Jueces nos ha enseñado muchas lecciones. Comenzamos con el ejemplo inspirador de Josué, en quien se combinaron la habilidad, la sabiduría y las virtudes piadosas. El mismo Señor condujo a los israelitas a la Tierra Prometida, y ellos se comprometieron a seguirlo toda su vida. Dios les dio una sociedad libre de la carga de la tiranía, un nuevo comienzo libre de corrupción, dominación e injusticia institucionalizada. En tiempos de necesidad, desarrolló líderes como Joshua y Deborah, sabios, valientes y unánimes, que liberaron a su pueblo de una amenaza tras otra.

Vemos a los primeros líderes y al pueblo de Israel construir las estructuras necesarias para la paz y la prosperidad de la tierra. Asignan los recursos de manera justa y productiva. Buscan una misión unificada mientras mantienen una cultura diversa y flexible. Continúan responsabilizándose mutuamente mientras asignan poder y aprenden a resolver conflictos de manera productiva y creativa. Prosperan y disfrutan de la paz.

Pronto, sin embargo, vemos a Israel degenerar de una nación respetuosa del pacto, segura, bien organizada y bien gobernada en una turba violenta y rebelde. Cada aspecto de sus vidas, incluyendo su trabajo, se corrompió porque abandonaron los mandamientos y la presencia de Dios. Dios les dio una buena tierra, lista para el trabajo productivo, pero se olvidaron de lo que Dios había hecho por ellos y malgastaron sus recursos en ídolos. Se volcaron a la guerra, lo que resultó en una situación económica precaria, y pronto comenzaron a aceptar todo el mal en los pueblos de los alrededores. Al final, se convierten en sus propios peores enemigos.

Entonces, la lección principal para nosotros es la misma que Juan terminó su primera carta siglos después: *"Hijos míos, manténganse alejados de los ídolos"* (**1 Juan 5:21**). Cuando trabajamos fielmente para Dios, guardamos sus convenios y buscamos su guía, nuestras labores hacen un bien inimaginable para nosotros y nuestra sociedad. Pero cuando rompemos nuestro pacto con el Dios que obra por nosotros y comenzamos a practicar las injusticias que tan fácilmente aprendemos de la cultura que nos rodea, encontramos que nuestras labores son tan vacías como los ídolos que adoramos.

Don't miss out!

Visit the website below and you can sign up to receive emails whenever Sermones Bíblicos publishes a new book. There's no charge and no obligation.

https://books2read.com/r/B-A-ALQN-CEYFC

BOOKS 2 READ

Connecting independent readers to independent writers.

Did you love *Analizando la Enseñanza del Trabajo en Josué y Jueces: ¡La Motivación para el Trabajo Arduo!*? Then you should read *Estudio Bíblico: Sana Doctrina Cristiana: Introducción a la Biblia*[1] by Sermones Bíblicos!

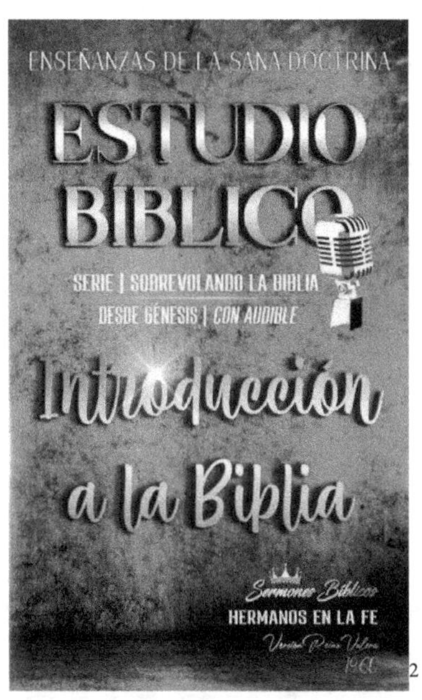

[2]

Estudio en Serie | Un Capitulo a la vez | Secuencia Desde el Genésis

¿Conoce Usted de la Biblia? ¿Quisiera Aprender o Profundizarla?

Acompáñanos a minar las profundidades de la palabra de Dios y usted también se llenará de gozo al aprender más de la Biblia.

El Libro de introducción a la Biblia nos muestra acerca de:

El origen e historia de la BibliaPreservación de los manuscritosEstructura y composiciónTraducciones a lo largo de las décadasComo llega la Biblia al habla HispanaCronología BíblicaIntroducción al Antiguo TestamentoIntroducción al PentateucoIntroducción al Libro de

---

1. https://books2read.com/u/bQd0Ee

2. https://books2read.com/u/bQd0Ee

GénesisComparaciones y enseñanzas Bíblicas aplicables a nuestra vida diaria

Uno de los objetivos propuestos en esta Serie de estudios bíblicos es cubrir individualmente los 1189 capítulos de la Biblia, además de una introducción general e introducciones individuales a cada uno de los 66 libros desde Génesis hasta el apocalipsis.

Biblia, originalmente era una palabra plural, se usaba para referirse a varios libros. Nosotros en el mundo cristiano la hemos adaptado para referirnos a las sagradas escrituras. Porque aunque es un libro, la Biblia contiene muchos libros. Para hacerla exacto creemos que hay 66 libros divinamente inspirados y Esto es lo que la distingue de todo otros libros, cuando leemos o escuchamos la lectura de la Biblia estamos oyendo la voz del autor. El autor de la Biblia es Dios.

La intención de esta serie es precisamente para que se familiarice con la palabra de Dios.

Also by Sermones Bíblicos

Estudiando El Tabernáculo de la Biblia
El Tabernáculo: Descripción de sus Componentes
Principios Bíblicos para una Iglesia: Ilustrados por El Tabernáculo
El Tabernáculo: En el Desierto y las Ofrendas
El Tabernáculo: Las Ofrendas Levíticas, el Sacrificio de Expiación
El Tabernáculo: Un santuario Terrenal

Estudio Bíblico Cristiano Sobrevolando la Biblia con Enseñanzas de la Sana Doctrina
Estudio Bíblico: Génesis 1. La Creación en Seis Días
Estudio Bíblico: Génesis 2. Estatutos de la Creación
Estudio Bíblico: Génesis 3. La Caída del Hombre
El Tabernáculo: En el Nuevo Testamento
Estudio Bíblico: Génesis 4. Aconteció Andando el Tiempo; Presente, Tributo, Oblación
Estudio Bíblico: Génesis 5. El Mensaje que Dios tiene para Nosotros en esta Genealogía
La Historia de Noé: Su Entorno, Su Experiencia, El Mandato y El Pacto
Estudio Bíblico: Sana Doctrina Cristiana: Introducción a la Biblia

Perspectiva de la Profecía: El Próximo Gran Acontecimiento
Desarrollo Profético de Dios: Las Señales de los Tiempos
Profecía Cronológica: Las Cosas que Sucederán en la Tierra
Seis Días Proféticos en la Biblia

Sermones de C. H. Spurgeon
La Procesión del Dolor

Standalone
Símbolos en la Biblia: Animales, Colores, Minerales, Naciones, Lugares,
Números, Pisos, Ceremonias, Utensilios, Vestimenta
Notas en los Cuatro Evangelios
Profécias de la Biblia: Los Próximos Grandes Acontecimientos
Himnos del Evangelio
El Tabernáculo en la Biblia: Como Enseñar el Tabernáculo

About the Author

Esta serie de estudios bíblicos es perfecta para cristianos de cualquier nivel, desde niños hasta jóvenes y adultos. *Ofrece una forma atractiva e interactiva de aprender la Biblia,* con actividades y temas de debate que le ayudarán a profundizar en las Escrituras y a fortalecer su fe. Tanto si eres un principiante como un cristiano experimentado, esta serie te ayudará a crecer en tu conocimiento de la Biblia y a fortalecer tu relación con Dios. Dirigido por hermanos con testimonios ejemplares y amplio conocimiento de las escrituras, *que se congregan en el nombre del Señor Jesucristo Cristo en todo el mundo.*

About the Publisher

Editor

Elvis A. Betancourt T. 4135 Stoney Creek Dr., Lincolnton, NC 28092 *elvisbetancourtt@gmail.com*

Contáctenos

Preguntas y comentarios generales: *seminitt25@gmail.com*